CURAR EL HERPES PARA SIEMPRE

DE FORMA NATURAL Y EFECTIVA
INCLUYE 15 RECETAS

RUBÉN GONZÁLEZ

Copyright © 2018

«La salud de todo el cuerpo, se fragua en la oficina del estómago.»

Miguel de Cervantes

La Salud de Tu Cuerpo
Comienza en tu intestino

Leonides Soler

ÍNDICE DE CONTENIDOS

ÍNDICE DE CONTENIDOS 4
¿POR QUÉ LEER ESTE LIBRO Y QUÉ TE VA A APORTAR? 9
1. ¿Qué es la gastritis? 13
   2. ¿Qué te está dañando? 17
      A. Alcohol 18
      B. Gluten 19
      C. Tabaco 20
      D. Comida frita 21
      E. Refrescos y zumos industriales 22
      F. Café y bebidas con cafeína 23
      G. Lácteos (no todos) 24
      E. La verdadera enfermedad del siglo XXI: El estrés. 25
3. ¿Cómo sanar? Lo que debes saber 29
   Aumenta ciertos alimentos, disminuye/suprime/sustituye otros. 30
4. Alimentos imprescindibles 33
   Patata 33
   Plátano (maduro o no) 34
   Arroz blanco de grano fino 34

Vegetales verdes (acelgas, espinacas, brócoli)......35

Aguacate..................36

Huevos 37

Yogur natural (si quieres con miel) 38

5. Alimentos importantes..................41

Té de hueso de aguacate 41

Manzanilla 42

Cúrcuma..................43

Diente de león..................44

Cebolla y ajo 44

Cayena y Chile..................45

Copos de avena 45

Zanahorias crudas o cocidas 46

Papaya..................47

6. Quince recetas para fortalecer tu estómago...........49

Jugo de zanahoria, apio y espinacas..................49

Licuado de plátano con papaya..................49

Ensalada de escarola, salmón, aguacate y chucrut 50

Patata cocida recalentada con rodajas de tomate y atún 51

Puré de brócoli..................52

Tortitas de brócoli..................53

Gachas de avena con plátano, leche de cabra y miel 54

Salmón a la plancha con romero y brócoli 55

Espárragos verdes horneados con bacon. 55

Yogur natural con fresas 56

Licuado de patata cruda, manzana, apio y brócoli 57

Puré de calabacín, puerros y patata 57

Sardinas al limón 58

Aguacate con huevo y bacon 59

Pastel de verduras 59

OTROS LIBROS DE EDITORIAL KAIZEN 61

¿POR QUÉ LEER ESTE LIBRO Y QUÉ TE VA A APORTAR?

Sanar tus problemas estomacales, te conduce al desarrollo de una vida óptima.

Me diagnosticaron una gastritis hace dos años. Poco después me detectaron la bacteria Helicobacter pylori. Pensé que no era grave. Llegué a comer lo mismo que siempre había comido durante años y años. Me parecían chorradas, aquellos que decían que nuestro segundo cerebro está en nuestro estómago y que influye notablemente en nuestra mente. Así que lo hice.

Empeoré la salud de mi estómago gracias a la potente combinación de fármacos «pensados para» paliar la infección y seguí llevando a cabo ciertos hábitos alimenticios adquiridos a lo largo de mi adolescencia y principios de mi vida adulta (cenar pizzas y cervezas todos los fines de semana, consumir varios cafés al día, comer rápido y mucho porque no tenía tiempo para hacerlo despacio, comerme los bollos más grandes posibles que existiesen etc.)

Actualmente, soy graduado en psicología y autodidacta en temas de nutrición, a base de leer muchos artículos y estudios a lo largo de estos años.

He decidido escribir este libro porque mi salud ha mejorado enormemente sin ayuda de fármacos, porque la comida ha sido un factor decisivo en la mejora, porque he adquirido conocimientos que pueden ayudarte a comprender por qué las infecciones estomacales son tan importantes en nuestras vidas y porque quiero que despiertes y no te pase lo que me ha pasado a mí.

Quiero que seas consciente del daño que te estás haciendo porque yo ya he pasado por ello. Ponte las pilas. Se puede revertir la gastritis y muchas otras infecciones estomacales. Hablo de sanarlas al cien por cien. Pero tienes que esforzarte.

La gastritis se puede considerar a día de hoy, una de las enfermedades estomacales más conocidas y frecuentes de este siglo. El estrés, la ansiedad, ciertos hábitos alimenticios, el consumo de tabaco son entre otros, los culpables de ese incómodo y para algunos, insoportable ardor o hinchazón que sacude nuestro estómago.

Esta afección está arrasando en las sociedades modernas debido al terrible estrés al que estamos sometidos día tras día. El constante bombardeo de información vía smartphones, tablets, televisión, las exigencias del trabajo, el poco tiempo para nosotros mismos, la crisis económica mundial son ejemplos de fuentes de estrés. Este estrés se acentúa más si debido a la falta de tiempo empezamos a comer más deprisa, sin prestar mucha atención a qué comemos y cómo lo comemos.

Todo esto termina en un bucle. En el que nos metemos de lleno, porque comer cualquier cosa ligera y rápida nos permite salir al paso hasta que llega el día en que toda esa rapidez pasa factura y tu cuerpo da señales de que algo no va bien. Ese día, decides ir al médico porque te arde el estómago. Normalmente tras una copiosa cena entre amigos un viernes por la noche. Y el médico tiene la receta mágica a todos tus problemas. Te receta un tratamiento de pastillas, unas 3 o 4 de diferentes tipos durante 21 días. Y una vez que terminas, estás como nuevo. Pero no. No es así.

Lo que suele pasar es que la afección vuelve con más fuerza y las pastillas se convierten en un elemento indispensable. Pasan los meses y tu estado no mejora. Quieres seguir comiendo lo que antes, tener los excesos de antes y pensar que todo está bien mientras tengas esas pastillas. Lo que no sabes es que esas pastillas son un alivio temporal. Esas pastillas aplazan tu dolor por unas horas. Lo que yo te propongo no es aplazar el dolor. Te propongo eliminarlo.

Y no por arte de magia con unas hierbas, o con un novedoso fármaco. Te propongo eliminarlo con comida real y de verdad. Te propongo que tomes acción en tu vida, que tomes consciencia de lo que comes, de qué hábitos están haciendo polvo tu estómago y los aceptes. Que seas capaz como mínimo de mejorar tus síntomas hasta niveles que van a sorprenderte. Yo ya lo he hecho, y sigo haciéndolo.

El estómago es un órgano que como más adelante explico, está muy relacionado con nuestra mente. En función de cómo se encuentre nuestro estómago, nuestro intestino, así nos encontraremos nosotros. Hablo de la flora intestinal. La flora, se denomina también biota intestinal, y hace referencia al conjunto de bacterias que viven en el intestino. Estas bacterias nos acompañan toda la vida y la gran mayoría de ellas son muy beneficiosas y no dañinas para nosotros. De hecho, se cree que tan sólo 100 de 2000 de ellas son perjudiciales.

Dicho esto, si la flora intestinal se desequilibra debido al consumo de alimentos poco favorables para ella (bollería industrial, pizzas procesadas, embutidos, fritos...), lo más probable es que tu intestino conecte con el cerebro y este reciba señales de que algo no va bien. Esto influye de manera potente en nuestras emociones. Y esto es algo que poca gente sabe: lo que comes, influye de manera determinante en cómo te sientes. Y cada vez están saliendo más estudios que corroboran esto, aunque aún quedan muchas cosas que aclarar.

Así que tienes dos opciones. Cerrar este libro ya, seguir comiendo lo que comes, seguir tomando 4 pastillas diarias y seguir teniendo esos altibajos emocionales que están mermando tus relaciones con las personas que quieres.

O bien puedes experimentar cómo es la vida con comida real. Cómo puedes cambiar ciertos hábitos perjudiciales y cómo a raíz de esto puedes comprobar que tu estado de ánimo mejora. Y con ello, tus relaciones con los demás.

1. ¿QUÉ ES LA GASTRITIS?

Esta afección se produce debido a la inflamación de la mucosa gástrica, lo cuál puede ser debido a diversas razones. Esta mucosa tiene un papel vital. Es una especie de muro compuesto por células que protegen nuestro estómago de la acidez que producen los jugos gástricos. Por lo que es importante mantenerla en un estado óptimo, y que esté hinchada no es deseable para nadie.

Normalmente, cuando tenemos gastritis podemos sentir malestar en el estómago, malestar emocional, náuseas, eructamos, tenemos ardor, reflujo (sensación de que la comida vuelve a subir a la boca).

Para identificar correctamente qué tipo de problema estomacal o gastritis nos aqueja, opino que lo más efectivo para atajar el problema de raíz es solicitar una endoscopia. Sé que puede parecer algo duro, chocante incluso peligroso para algunas personas, pero es necesario si quieres empezar a sentirte bien.

Estudios han demostrado recientemente que nuestro segundo cerebro se encuentra en el estómago. Puedes leer más acerca de ello en el libro "El Segundo Cerebro" de Miguel Ángel Almodóvar, donde se recogen dichos estudios científicos.

Además, este segundo cerebro se conecta con el primero por vías nerviosas. Por lo que todo lo que comes y todo lo que utilizas para nutrir tu cuerpo es tan importante que puede influir de manera determinante en tu estado anímico. Por lo tanto, en la relación que mantienes con tus familiares, con tus compañeros de trabajo...etc. Parece que no, pero esta afección puede ser un lastre si seguimos tomando pastillas y comiendo exactamente igual que siempre en cuanto nos sentimos un poco mejor.

Volviendo al tema, una endoscopia va a permitirte localizar exactamente la ubicación de la inflamación de la mucosa y poder determinar el tipo de gastritis que padeces, por ejemplo, si se trata de una infección por una bacteria, o por el contrario de una simple y molesta inflamación crónica.

Estos son los tipos de gastritis que se conocen hasta el momento: la aguda, la crónica y las poco frecuentes.

Entre las primeras, podemos encontrar la infección aguda por Helicobacter pylori. En cuanto a las atróficas crónicas podemos encontrar la tipo A, que es auto inmunitaria o la tipo B que está relacionada con la bacteria ya mencionada. Por último, entre las enfermedades poco frecuentes: la enfermedad del crohn es la más conocida.

Dicho esto, con los remedios naturales que explico y detallo más adelante, la gran mayoría pueden ser revertidas con buenos hábitos y constancia. Este no es un libro para soñadores. Es un libro para gente que se quiere, y que quiere tomar el control y revertir su dolencia de manera efectiva y de una vez por todas con acción. Pero habrá que esforzarse, es duro aparcar ciertos hábitos. Para mí lo fue.

Como mencionaba al principio de este texto, una gastritis puede aparecer en nuestras vidas principalmente por periodos de estrés prolongados en el tiempo, por situaciones que provocan ansiedad, por un consumo excesivo de alcohol y/o de tabaco, por una enfermedad infecciosa, por un déficit en nuestro sistema inmune e incluso por una infección viral. ¿Estás preparado? Pasa la página si quieres cambiar radicalmente tu salud.

2. ¿QUÉ TE ESTÁ DAÑANDO?

Este es un apartado al que debes prestar mucha atención. Voy a pasar a mencionar los alimentos y hábitos que más pueden boicotearte a la hora de sanar tus problemas de estómago y voy a explicarte por qué.

Tenemos la mala costumbre de establecer hábitos automáticamente porque nos hacen sentir bien durante un breve periodo de tiempo. Esto sucede mucho. Y es complicado luego eliminar estos hábitos. Por ejemplo. Tomar un café después de comer y otro por la mañana al despertarte. Puede que lleves haciéndolo toda la vida. Y es genial si te hace sentir bien, pero: ¿es necesario para tu cuerpo o es un capricho mental? Imagina que has dormido 9 horas, y te has despertado fresco como una rosa. ¿Realmente necesitas ese café? ¿Quién pide el café? ¿Tu mente o tu cuerpo? Piensa en ello unos segundos. Sigue leyendo.

Aquí van, a mi juicio, basado en estudios científicos y en mi propia experiencia, los 7 alimentos o componentes que hay que reducir en la medida de lo posible hasta eliminarlos completamente de nuestra vida para curar la gastritis.

A. ALCOHOL

Se trata de un sedante más junto a benzodiacepinas y barbitúricos. Se trata de un depresor del Sistema Nervioso Central. El alcohol etílico o etanol es la droga que se halla en las bebidas alcohólicas, y existen otros tipos como el metílico, que se usa industrialmente.

El alcohol etílico se obtiene mediante: La fermentación de frutas, vegetales o granos en el caso del vino y la cerveza. Y por destilación: que es un medio artificial para aumentar la concentración del alcohol de una bebida como en el caso de ginebra, coñac, whisky y vodka.

Al consumir alcohol, el proceso que sigue nuestro organismo es el siguiente: del estómago pasa al duodeno, que lo absorbe. Después pasa al torrente sanguíneo que es lo que produce la irritación estimulando la secreción de jugos gástricos. Esto provoca que se inflamen el esófago y el estómago, derivando en úlceras y gastritis.

Aparte, un uso continuado de alcohol puede afectar de manera determinante a nuestra respiración intracelular, la producción de neurotransmisores y el metabolismo.

Lo más importante que debes recordar cuando vaya a consumir alcohol, es que vas a irritar la mucosa de tu estómago. Y no sólo eso. El consumo habitual de estas bebidas te llevará a una gastritis crónica. Y si eres un amante de la cerveza, lo siento. La cerveza es peligrosa y dañina en personas con síntomas o infectadas de gastritis. Ya sea sin o con alcohol. Trata de reducir al máximo su consumo.

Bebidas alcohólicas a evitar o reducir: todas sin excepción. Quizás las menos malas dentro de las malas serían en este orden: vino tinto seco o semiseco, vino blanco seco o semiseco.

B. GLUTEN

Este compuesto del trigo provoca aumento de la permeabilidad intestinal (que aumenta la probabilidad en el desarrollo de enfermedades autoinmunes, cáncer, infecciones y alergias) seas o no seas celíaco, puedes sufrir sus consecuencias. Otros cereales, por su proximidad en cuanto a composición, también tienen proteínas tóxicas como la cebada (ingrediente esencial de la cerveza), el centeno y la avena.

Aunque, la avena es un alimento que bien tratado se puede consumir sin problemas. Está compuesto por dos proteínas: las gluteninas y gliadinas. Las gluteninas aportan elasticidad a la masa de pan. Por otro lado las gliadinas le dan pegajosidad a la masa, al mismo tiempo que son responsables de su extensibilidad. Por eso puedes extender la masa y no romperla.

Alimentos con gluten a reducir o eliminar preferiblemente: pasta blanca, de colores o integral, pan blanco e integral, bollería industrial (galletas, muffings, pasteles...), pizzas, cerveza, cereales ya sean integrales o no (tipo muesli).

C. TABACO

Siento ser pesado, sé que si fumas esto lo habrás escuchado ya mil veces «tienes que dejar de fumar y el alcohol», pero es que lamentablemente es cierto. Fumar es una de las peores cosas que puedes hacer si de verdad te quieres curar. Fumar no sólo ataca al estómago, sino que también lo hace más débil.

Fumar estimula la producción de ácido basal, por tanto, el riesgo de gastritis. Este aumento de la secreción de ácido gástrico está orquestada a través de la estimulación de los receptores H2 de histamina liberada después de la desgranulación de mastocitos y debido al aumento del volumen celular parietal funcional o capacidad secretora en los fumadores.

Fumar también aumenta el eflujo de ácidos biliares y por tanto aumenta el reflujo duodenogástrico que eleva el riesgo de gastritis. El tabaquismo y la nicotina no sólo inducen ulceración, sino que también potencian ulceración causada por H. pylori.

La nicotina eleva el nivel de vasopresina endógena, que desempeña un papel muy importante en el desarrollo de las gastritis.

Fumar además hace más débil a tu estómago:

- Reducen el nivel de factor de crecimiento epidérmico (EGF) y disminuyen la secreción de EGF de la glándula salival, que son necesarios para la renovación celular de la mucosa gástrica.
- También disminuye la generación de prostaglandinas en la mucosa gástrica de los fumadores.
- Y reducen la angiogénesis en la mucosa gástrica a través de la inhibición de la síntesis de óxido nítrico deteniendo con ello el proceso de renovación celular.

Poco más hay que añadir.

D. *COMIDA FRITA*

Es muy posible que cuando consumes frituras sientas molestias abdominales. Dado que contienen altos niveles de grasa. Y precisamente, esta grasa procedentes de frituras es muy perjudicial para nuestro estómago. Esto no es negociable. Es importante reducir al máximo los fritos salvo que estés en un cumpleaños o algún acto social, pero por norma general, eliminarlos te hará mejorar.

Consumir este tipo de alimentos puede acentuar el reflujo ácido y el ardor de estómago. Además de causar esteatorrea (significa que pierdes la capacidad de absorber correctamente los alimentos y por lo tanto de cumplir la función digestiva normal), que es la acumulación de grasa en las heces.

Alimentos fritos a disminuir o eliminar: TODOS: patatas fritas, croquetas, empanadillas, hamburguesas fritas, en general todos los alimentos rebozados que tengan que ser fritos para consumirse. En su lugar recurre a la plancha, cocción o vapor.

E. REFRESCOS Y ZUMOS INDUSTRIALES

Todo el mundo a día de hoy ya sabe que estos no son para nada una buena fuente de energía y que acarrean múltiples problemas a nuestro cuerpo. Su alto contenido en azúcar (unos 9 terrones de azúcar por lata) provoca obesidad y enfermedades relacionadas como la diabetes o enfermedades cardiacas.

El ingrediente principal de estos refrescos sean light, cero calorías o no es el agua carbonatada. El dióxido de carbono que contienen causa gases. Y a la larga pueden aparecer dolores de estómago debido a la combinación de pH ácido y la carbonación. No lo recomiendo bajo ningún concepto. Acostumbraremos a nuestro organismo a beber agua, té o infusiones de hierbas como poleo menta o manzanilla.

En el caso de los zumos, el problema es que contienen un alto grado de fructosa sin fibra y eso puede dañar tu estómago. Si quieres tomar algo con fruta, come una pieza de fruta entera, si puede ser con la cáscara, bien lavada eso sí.

Refrescos a evitar: todos los que contengan gas, sin excepción.

Zumos, todos los que venden en cartón o brick, sólo tomar naturales y no en abundancia. Es mejor un batido/smoothie de verduras con alguna fruta, o un licuado de verduras con alguna fruta. Ya que en estos dos últimos casos habrá mucha menos fructosa y algo de fibra.

F. CAFÉ Y BEBIDAS CON CAFEÍNA

Es una pena, porque personalmente me encanta, pero el café contiene un ácido que se llama ácido clorogénico. Según un estudio publicado en la revista de medicina "Critical Reviews in Food Science and Nutrition" en el 2006 para algunas personas, este ácido consumido habitualmente, puede producir irritación en las paredes del estómago cuando toman café con el estómago vacío.

Podemos concluir, por tanto, que si padecemos de problemas estomacales, tomar un café diariamente en ayunas no es la mejor idea. El café tiene cierto efecto adictivo, así que puede que te cueste prescindir de él, pero has de entender que la gastritis no es una broma, y al final todo cuenta, lo que queremos evitar en todo caso es una gastritis severa puede provocar un agujero en la pared del estómago desembocando en una úlcera péptica, lo cual es un problema grave.

Por otra parte, la cafeína estimula nuestro sistema nervioso central. Esta estimulación provoca que el estómago produzca ácidos a veces en exceso. Y el exceso de ácidos puede contribuir a la formación de gastritis.

Así que olvídate de tomar café en ayunas cada día, tómalo de manera ocasional y nunca con el estómago vacío.

G. LÁCTEOS (NO TODOS)

No todos los lácteos son peligrosos. Hay que priorizar los lácteos descremados porque favorecen nuestra flora intestinal. El más beneficioso es el yogur natural sin azúcar. En cuanto a los demás, habrá que vigilar los quesos altos en grasas al igual que la leche.

Muchos somos intolerables a la lactosa, pero no lo sabemos. Los lácteos producen indigestión e irritación del estómago. Y lo peor de los lácteos es que no los notamos en el momento de consumirlos. Es un alimento que nos hace daño a largo plazo. Que sea recomendable por algunos médicos para aliviar los síntomas de la gastritis se debe a su alivio temporal del dolor. Pero propongo priorizar otras fuentes de proteínas y de carbohidratos antes que esta.

No consumir: Todo producto con lactosa. Sobre todo quesos altos en grasas como el queso curado, leche entera, semidesnatada o desnatada, nata, leche condensada.

Sustituir: Podemos sustituir la leche de vaca por leche de cabra, mucho más sana para nuestros intereses como verás más adelante.

E. LA VERDADERA ENFERMEDAD DEL SIGLO XXI: EL ESTRÉS.

Considero que es el factor de mayor importancia a la hora de desarrollar una afección estomacal. La ansiedad se suele desarrollar después de etapas constantes de estrés.

Estar agobiado es peligroso para nosotros. Un agobio continuado puede hacernos polvo. Algunos la llaman gastritis emocional. Yo la llamo gastritis por estrés. Y es que esos problemas que te preocupa, o que te irritan o te ponen triste pueden llevarte a desarrollar ciertos hábitos poco saludables.

Por ejemplo, secuestrado por el estrés es posible que empieces a comer de forma más rápida y en mayor cantidad. Pero no solo eso. Empiezas a comer porque te sientes triste o aburrido. Además, no lo estás haciendo porque tu cuerpo lo necesite sino para aliviar temporalmente el malestar que te genera alguna situación en tu vida.

Por esto el estrés puede destrozarte la vida y por eso lo considero el factor fundamental a detener. Recomiendo que explores ciertos hábitos que os desestresen y os hagan felices, como pueden ser masajes, hidroterapia, música relajante... cada uno tiene su forma, yo personalmente propongo la meditación y el yoga.

Con tan sólo 20 minutos diarios, alternando la meditación y el yoga, podrás obtener fantásticos resultados. De hecho, notarás que tu estado de ánimo no es tan reactivo a las situaciones estresantes de la vida. Pero quiero que lo pruebes.

Para la meditación, propongo visualizar las respiraciones sin tratar de manejarlas. Observar simplemente todo lo que piensas sin vincularte con tus pensamientos y si te encuentras despistado, volver una y otra vez la atención a un punto fijo. Este punto fijo va a ser la respiración. Las primeras veces hazlo por 5 minutos, verás lo que cuesta estar centrado solamente esa cantidad de tiempo.

Trata de reconectar con tu respiración sea como sea esta durante cada hora de cada día. Que estés en el presente será algo que te vendrá muy bien a ti a tus familiares.

Sinceramente, en internet hay mucho material aceptable para iniciarse en meditación. Aunque mi propuesta es que empecéis directamente a practicar Mindfulness porque es una técnica que mezcla yoga y meditación.

3. ¿Cómo sanar? Lo que debes saber

Que a tu vecino le funcionan muy bien unos alimentos y no otros no significa que a tí también. Por eso sobretodo te propongo experimentar. Experimenta con todos los alimentos que voy a mencionarte e incorpora los que de verdad te sienten bien. Es importante que compruebes tu mismo qué te beneficia y que no. Por ello recomiendo incluir durante una semana un alimento nuevo y reducir otro para poder comprobar resultados. Esta es la única manera de curarte, experimentando qué necesita tu cuerpo, y no haciendo lo que dicen que es sano o no.

Bien. Curar, sanar, revertir una gastritis que lleva años conviviendo contigo no es fácil. Ya te aviso de que será duro. Sobre todo al principio. Abandonar ciertos alimentos que han formado parte de tu vida durante tanto tiempo es difícil. Dejar de comer algunas de esas sabrosísimas galletas del supermercado, o aquellas comidas interminables que hacía nuestra madre es muy duro. Créeme, he pasado por eso.

Para empezar, lo que yo propongo es un aumento y un descenso de alimentos. No propongo una dieta. Propongo un aumento del consumo de ciertos alimentos y un descenso de otros o incluso la eliminación.

Aumenta ciertos alimentos, disminuye/suprime/sustituye otros.

Primero, voy a comenzar con lo que debemos reducir o eliminar. En este grupo se incluyen los 7 elementos que he mencionado en el capítulo anterior. Sin excepciones. Sin eso no vas a ir a ningún lado, avisado estás.

En cuanto a los alimentos que considero imprescindibles aumentar para la sanación, son los siguientes. Ahora sólo los nombraré de pasada. En el próximo capítulo profundizaré en ellos.

Los alimentos a aumentar son: almidones como la patata, el arroz, el plátano. Por otra parte, importantísimo es el consumo de vegetales verdes, el aguacate, el huevo y el yogur natural sin azúcar. Las frutas altas en fibra soluble tampoco están de más.

En cuanto a sustituir, propongo un endulzante que a mí personalmente me va muy bien. Soy un adicto al azúcar, lo confieso. Por eso me costó integrar este cambio. Hablo de la miel. Endulza tus postres si antes lo hacías con azúcar, con miel. El yogur natural con miel es un postre súper sencillo y delicioso.

Quiero que sepas que no pasa nada porque pruebes. Me refiero a que vas a recaer. Vas a volver a tomar café. Vas a volver a tomar galletas de chocolate de supermercado. Lo vas a hacer porque a mí me ha pasado y me pasa. Lo importante en esos momentos es que lo hagas y punto. Acéptalo, trata de disfrutar de esos alimentos poco sanos, y cada vez verás como te es más difícil.

Te propongo que de vez en cuando, si no puedes aguantar la tentación, pruebes aquel donuts, aquél café doble para que compruebes que pasa con tu cuerpo. Para que veas el efecto que tienen ahora esos alimentos una vez que llevas tiempo ingiriendo comida de verdad.

Es divertido como nuestro cuerpo empieza a dar señales de que ciertos alimentos que han estado siempre en nuestra vida empiezan a ser molestos. A mí me pasa en especial con el café y con el pan blanco.

Como conclusión, come más alimentos de los que ahora pasaré a hablar pero si algún día necesitas comer comida basura. Pero si te quieres, vuelve al día siguiente a tu rutina normal. Si eres capaz de pasar de esos alimentos perjudiciales, mucho mejor. Te recuperarás mucho antes. Así de simple.

4. Alimentos imprescindibles

En cuanto a los alimentos que considero imprescindible aumentar para la sanación, son los siguientes:

Patata

La patata es un alimento muy completo. La patata cocida, enfriada, y recalentada, tiene propiedades increíbles para nuestra flora intestinal. Gracias a su enfriamiento, se forma lo que se conoce como almidón resistente, que tiene propiedades fantásticas para tu sistema digestivo.

Aunque ya de por sí la patata incluye múltiples beneficios, recalentarla le va a otorgar una potencia brutal a este alimento derivando en tres áreas: mejora del metabolismo, del intestino, ayuda a perder peso.

También el jugo de patata es recomendable. Un licuado de patata cruda nada más despertar y en ayunas es una gran ayuda sobre todo tras los primeros días de diagnóstico. Tómalo durante 15 días seguidos y comprueba sus efectos. Tiene un poder desinflamante brutal.

Plátano (maduro o no)

El plátano también es un tipo de almidón beneficioso para nuestro estómago. Aunque muchos lo catalogan como una simple fruta.

Este alimento contiene un principio anti ulceroso bioflavonoide: el leucocyanidin. Este elemento se ha demostrado como un componente fundamental para la cicatrización de la mucosa gástrica.

El plátano verde también se vende en forma de polvo. Pues bien, se ha comprobado que el polvo de plátano verde es un remedio muy eficaz para el tratamiento de la úlcera péptica. Lo puedes encontrar en herbolarios.

ARROZ BLANCO DE GRANO FINO

Este alimento es fundamental porque es fácil de digerir. Además, no contiene gluten. Otros muchos cereales sí. La forma ideal de consumirlo es la misma de la patata, cocido, enfriado y recalentado, por la misma razón.

Recomiendo consumirlo con grasas sanas procedentes de pescado o de carnes animales blancas para que no eleve de golpe drásticamente los niveles de azúcar en sangre, algo que a la larga no nos conviene.

Otra muy buena opción es consumirlo cuando hagas deporte. Después de hacerlo.

Aunque el punto álgido es el siguiente. Consumir el agua que sobra al cocer el arroz te proporciona una hidratación fundamental para las primeras etapas en úlceras y gastritis.

VEGETALES VERDES (ACELGAS, ESPINACAS, BRÓCOLI)

La principal ventaja de incluirlos y aumentarlos en tu

consumo es porque ayuda a prevenir enfermedades gastrointestinales o a que se desarrollen más. Enfermedades que pueden ser cáncer de estómago y colon.

Los vegetales los recomiendo consumir más adelante, sin estar en la fase de crisis. La fibra de estos alimentos es beneficiosa, pero si notas problemas en el estómago al tomar algún vegetal, sustitúyelo por otro.

Contienen la mayoría inmensas cantidades de nutrientes por caloría, lo que los hace elementos ideales y los sitúa en lo que debería ser la base de nuestra alimentación. Personalmente recomiendo un consumo abundante a diario de estos vegetales ya que presentan un índice glucémico bajo. Es importante comer mucha cantidad porque nos mantendrá saciados y nos aportarán fibra.

Además, contienen gran cantidad de vitamina A, la cual interviene en la reparación de heridas o tejidos infectados. Aparte, también mejora la resistencia hacia las enfermedades contagiosas y las infecciones.

AGUACATE

El aguacate es muy beneficioso en muchos sentidos. Tiene propiedades importantes para el sistema nervioso, cardiovascular y para la piel. Esto se debe a que contiene mucha piridoxina(vitamina b6). Aparte su alto contenido en grasa y fibra produce un efecto saciante que puede protegernos de posibles empachos innecesarios.

Se sabe que es beneficioso para la memoria, la hiperactividad o el estrés y para enfermedades degenerativas. Ayuda a prevenir enfermedades cardiovasculares gracias a su alto contenido en vitamina E y en glutatión.

En cuanto a lo que nos interesa, debido a las grasas que contiene tiene la capacidad de aliviar la acidez de estómago y las úlceras. Aparte es un potente desinflamatorio digestivo. Medio aguacate diario será suficiente. Aunque es complicado resistirse a la tentación de comerse uno entero.

HUEVOS

El huevo es otro alimento muy importante. Contiene muchísimos nutrientes: proteínas, aminoácidos, minerales y vitaminas.

Es bueno para las úlceras estomacales ya que la clara del huevo participa activamente en la secreción de ácidos del estómago.

Hay un falso mito de que el huevo tiene mucho colesterol. Cierto, el huevo tiene colesterol, el error viene en pensar que ese colesterol ingerido provoca un aumento del colesterol malo en sangre, lo que se ha demostrado en numerosos y abundantes estudios que no es cierto.

El huevo es uno de los alimentos fácilmente accesibles más completos que podemos encontrar. Eso sí, es importante consumir huevos de calidad, de gallinas criadas al aire libre, que se muevan, y con una buena alimentación. Si tienes alguna pequeña población cercana seguro que los puedes encontrar, si no, tendrás que recurrir a consumir huevos de supermercado, en donde deberás elegir entre huevos ecológicos (cuyo etiquetado en la cáscara comienza por un 0), o huevos camperos (cuyo etiquetado comienza por 1), los huevos cuyo etiquetado comienza por 3 mejor alejarse de ellos, se trata de gallinas encerradas toda su vida, que no han visto el sol, y no se han movido, simplemente ponte en su situación, busca en Google imágenes y compara, además este tipo de huevos tiene por ejemplo peores grasas, menos Omega 3 que un huevo de calidad etc.

El huevo es un alimento muy completo para los resfriados gracias al zinc que contiene. Dicho esto, este mismo elemento es el responsable de evitar el cáncer de próstata ya que inhibe la producción de ciertas hormonas cancerígenas.

Además, para personas intolerantes a la lactosa que no sepan bien de donde obtener el hierro, el huevo es una gran fuente de este.

Yogur natural (si quieres con miel)

Este alimento aporta una gran cantidad de bacterias beneficiosas para realizar correctamente la digestión. Aparte, equilibra nuestra flora intestinal. Obviamente si eres un gran intolerante a la lactosa no te lo recomiendo, pero si eres alguien normal sí.

Contiene vitaminas del complejo B, al igual que el huevo.

La leche de cabra, o lácteos procedentes de la cabra son también buenas fuentes de protección frente a la gastritis. Esto se debe a que metabolizamos mucho mejor la leche de este animal que la de la vaca. Participa en el fortalecimiento de la flora de manera óptima.

Prioriza estos alimentos siempre de origen natural o ecológico lo máximo posible. Es decir, leche de cabra fresca frente a UHT, aunque es difícil de encontrar hoy en día.

5. Alimentos importantes

En este grupo se incluyen los alimentos que son importantes y beneficiosos para curar una gastritis y mejorar tu salud, pero no tan imprescindibles como los anteriores. Eso sí, yo los iría añadiendo a tu dieta día tras día hasta que sean parte de tu costumbre.

TÉ DE HUESO DE AGUACATE

Para comenzar, y lo más importante, es que es astringente. Por lo que es perfecto para las inflamaciones del tracto gastrointestinal.

Este té es desconocido, a la vez de brutal. Para empezar, es revitalizante. Reduce la fatiga deportiva aumentando tu lívido. Aparte tiene un alto contenido en flavonoides por lo que es beneficioso para prevenir el crecimiento de tumores.

Tiene un gran poder antioxidante. Además de ayudarte a quemar grasa y a adelgazar puede ayudarte a combatir enfermedades que impliquen a microbios o parásitos.

Si tienes el colesterol bastante alto, te ayuda a reducirlo. Mientras que, si padeces asma, puede ser un buen complemento natural para tratarla.

Por último, para los preocupados/ preocupadas por su imagen, hay que saber que tomar este té regularmente tiene un efecto rejuvenecedor en la piel favoreciendo la creación de colágeno.

Para consumirlo: ralla las semillas del aguacate. Quedará como una masa de polvos. Esos polvos serán la hierba de tu bolsita de té. Calienta agua. Vierte la cantidad que consideres. Dos cucharadas será suficiente para un día. Deja que repose y caliente bien el hueso de aguacate. Cuela estas hierbas con un colador y bébete el té.

MANZANILLA

Su gran baza es que es un potente antiinflamatorio. Aparte no es un buen compañero de las bacterias que rondan nuestro organismo. A su favor tiene que ha sido utilizada desde la antigüedad para combatir dolores y problemas digestivos. Y esto es así porque ayuda en la reparación de las mucosas del estómago.

Favorece la digestión, reduciendo la inflamación de nuestro tracto. Personalmente opino que la manzanilla natural es mucho más potente que la que nos venden en supermercados. Si no puedes optar a ella, echa en tu taza unas tres bolsitas.

CÚRCUMA

La cúrcuma es una especia que puedes obtener en cualquier supermercado. Les da un tono amarillento a los alimentos. Yo la suelo utilizar con carnes y pescados. Su sabor es agradable. Pero esto no es lo mejor de esta especia.

Al igual que la manzanilla es un potente antiinflamatorio. Ayuda a equilibrar nuestra flora intestinal y disminuye la inflamación del intestino. Reduce los gases gástricos y es un elemento muy útil para tratar gastritis y en especial el síndrome del colon irritable.

Es un arma potente para eliminar la bacteria helycobacter pilory.

Lo puedes consumir con la comida, o bien en té. Actualmente, muchos herbolarios venden cúrcuma en bolsitas de té. Así que como prefieras, pero consúmela. Tu estómago te lo agradecerá.

Diente de león

Se trata de otra infusión. Ayuda a mejorar la digestión aumentando la secreción de glándulas digestivas. Es sobretodo depurativo. Ayuda a fortalecer el estómago y el intestino.

Se puede consumir como verdura o como té. Personalmente, en forma de verdura no la he consumido nunca. Pero si puedes comerla de esta forma mejor, sus efectos serán mayores.

Mantiene un correcto funcionamiento del hígado. Previene hemorragias internas. Ayuda a disminuir el peso corporal y ayuda a mejorar la vista.

Cebolla y ajo

La cebolla y el ajo son buenas fuentes de alicicna, un componente importante a la hora de tratar ciertas gastritis, como las atróficas o provocadas por H. pylori.

Hay estudios científicos que demuestran cómo la alicina contribuye a sacar la gastritis. Por ejemplo, un estudio científico llevado a cabo en 1997 concluyó que los resultados mostraron la eliminación de Helicobacter pylóri en el 71 por ciento de pacientes que recibieron alicina.

La alicina reduce la cantidad de nitrito gástrico e inhibe el papel de las bacterias reductoras de nitrato. Por lo que mejora los síntomas de la gastrítis.

Cayena y Chile

Muy diversos estudios científicos han llegado a la misma conclusión, la capsaicina presente en la Cayena o el Chile ataca a Helicobacter Pylori. Así que si tu médico te ha detectado esta bacteria, no dudes en incluir estos alimentos en tu dieta, pero sin pasarte, que todo en exceso es malo, y los picantes también.

En la mayoría de los estudios, la capsaicina inhibió la secreción de ácido gástrico. Estudios más recientes además proporcionan evidencia a favor de un efecto beneficioso de la capsaicina en la mucosa gástrica.

COPOS DE AVENA

Aparte de ser una gran fuente de carbohidratos para los días de entrenamiento, la avena desinflama la mucosa gástrica. Facilita el tránsito intestinal ayudando a digerir mejor lo que comemos. Su alto contenido en fibra ayuda de forma importante en este tránsito.

Más adelante incluyo una receta personal de un porridge delicioso de copos de avena que sin duda van a darte energía, placer y vitalidad.

La avena es un alimento muy completo y también a nivel mental. Está demostrado que reduce el cansancio y la fatiga. Además, es un alimento muy saciante y con mucha fibra por lo que, si tu objetivo es también perder peso es una buena baza.

ZANAHORIAS CRUDAS O COCIDAS

Son potentes protectores del estómago. Poca gente sabe que son grandes antinflamatorios y que aportan reducción del ardor y de la acidez estomacal.

Aparte ayuda a mejorar la salud de la mucosa del sistema digestivo, evitando la acidez y también de los alimentos altamente irritantes.

El consumo habitual de zanahorias impide y disminuye las intoxicaciones alimentarias como por ejemplo la listeriosis. También se puede hacer zumo. Beber zanahoria licuada ayuda a eliminar lombrices intestinales.

Por último, es relevante mencionar que la ingestión de este vegetal, favorece la regulación intestinal, lo que puede ayudar a prevenir el cáncer de colon. Es un laxante natural, y puede ayudar a evitar el estreñimiento.

PAPAYA

La papaya bien masticada después de la comida, es una de las frutas más potentes del planeta para ayudar a hacer digestiones pesadas como las famosas comidas de navidad o de empresa.

La papaya tiene propiedades astringentes. Es digestiva, antioxidante, antiséptico, cicatrizante y laxante.

Es un alimento muy recomendable para tratar la gastritis ya que mejora la digestión, las úlceras gástricas y los problemas de hígado entre otras muchas cosas más. Otras muchas cosas más como los granos, las manchas en la piel, los hongos...

En cuanto a lo que nos interesa, es importante saber que favorece la eliminación del cuerpo de parásitos intestinales. Aparte, reduce el dolor y la inflamación del estómago.

6. Quince recetas para fortalecer tu estómago.

JUGO DE ZANAHORIA, APIO Y ESPINACAS

Si quieres dotar de salud la mucosa del sistema digestivo este licuado es fundamental. Tomando esta mezcla durante dos o tres veces a la semana evitas acidez y proteges al estómago contra alimentos irritantes.

Vas a necesitar dos zanahorias grandes, cuatro tallos de apio y dos tazas de espinacas. Para hacer el licuado:

1. Primero pela las zanahorias y junto al apio y a las espinacas, lávalas en agua.
2. Echa todos los elementos en la licuadora hasta que quede líquida la mezcla.

LICUADO DE PLÁTANO CON PAPAYA

Ya he mencionado antes las propiedades beneficiosas para nuestro organismo de estas dos frutas. Es un gran alimento cuando queremos reponer fuerzas tras hacer deporte.

Los ingredientes que vas a necesitar son: media papaya pelada, un plátano, un yogur natural, media taza de leche de coco o de arroz y una cucharada de miel.

Mete todos los ingredientes en una licuadora y listo. Si notas que queda demasiado espeso, añade más leche o agua hasta que esté a tu gusto.

Ensalada de escarola, salmón, aguacate y chucrut

Puede parecer complicada de elaborar pero la realidad es que no hay nada más sencillo que una ensalada para asestar un buen golpe a tus dolores estomacales. Con esta ensalada puedes mejorar enormemente la salud de tu estómago y de cualquier úlcera. Todos sus elementos son antiinflamatorios y reúne otras propiedades como micronutrientes reparadores.

Vas a necesitar para dos personas: una lechuga entera de escarola, un brócoli entero cocido, chucrut (col fermentada), un aguacate entero, 250 gramos de salmón ahumado, 30 gramos de pasas, cebolla, ajo y aceite de oliva virgen extra.

El diseño es súper fácil.

1. Pon a cocer el brócoli hasta que quede blando y de color verde llamativo.
2. Una vez cocido, cuélalo.
3. Pela el aguacate y trocéalo.
4. Acto seguido trocea el salmón ahumado en pequeñas tiras. Haz lo mismo con la cebolla.

5. Corta en trozos generosos la escarola y ten a mano ajo en polvo, el chucrut y las pasas.
6. Tras la preparación de todos los elementos, añádelos a un cuenco profundo y mezcla bien los alimentos.
7. Echa sal y aceite de oliva al gusto. Personalmente el ajo lo suelo echar por encima, espolvoreado. Si te gusta mucho este, puedes hacer lo mismo. Si no te gusta el sabor tan fuerte, prueba con cúrcuma o jengibre en polvo. Tampoco es mala idea añadir cayena, eso sí, puede que no de un gran sabor a la ensalada.

Patata cocida recalentada con rodajas de tomate y atún

Se trata de algo muy simple, pero a la vez potenciador para la salud digestiva de tu cuerpo.

Vas a necesitar: una patata grande, un tomate entero, dos latas de atún en aceite de oliva, sal y una cucharada de aceite de oliva virgen extra.

1. Lo primero de todo cuece una patata.
2. Una vez que puedas atravesarla fácilmente con un cuchillo, déjala enfriar ya fuera del agua de cocción. Guárdala en la nevera.
3. Cuando ya esté fría, pela la patata y córtala en cuadrados pequeños.

4. Tras esto, ponla a calentar al horno.
5. Una vez tengas la patata bien caliente, parte el tomate en rodajas, vierte dos latas de atún en un plato ancho y deja caer los trozos de patata recalentada por encima de ellos. Echa aceite por encima y una pizca de sal.

Como consejo, yo suelo dejar la patata cocida desde por la mañana en la nevera (o la noche anterior) así ahorro tiempo de cocinado ya que tan sólo hay que recalentarla. En capítulos anteriores mencioné la importancia de consumir almidón resistente para nuestro sistema digestivo y esta es una gran manera de hacerlo.

PURÉ DE BRÓCOLI

Ideal para acompañar carnes y pescados. Es un perfecto y sencillo acompañante. Los ingredientes son: 300 gramos de brócoli, un yogur natural, una pizca de sal y otra de pimienta negra molida.

1. Para empezar corta el brócoli en pequeños trozos y cuécelo durante 10 minutos son algo de aceite y sal.
2. Ya cocido, insértalo en una licuadora o batidora junto al yogur la pimienta y la sal y lícualo.

TORTITAS DE BRÓCOLI

Perfectas para un desayuno completo con proteína, grasas y carbohidrato. Existen pocas cosas con más equilibrio nutricional para desayunar saludablemente que esta. Aunque también es una buena opción para cenar.

Los ingredientes: dos huevos, 200 gramos de brócoli, 50 gramos de queso de rulo de cabra, un trozo de mantequilla y sal.

1. Lo primero de todo es hervir el brócoli.
2. Tras esto córtalo en trozos y deja que se enfríe.
3. Funde en el microondas una pizca el queso de cabra.
4. En un bol bate los dos huevos, añade el queso fundido y mezcla bien.
5. Una vez bien mezclado añade los trozos de brócoli y forma pequeñas bolas con la masa que se forme. Aplástalas hasta que queden como una tortita.
6. Cuando tengas ya suficientes tortitas, añade mantequilla a una sartén y mantenlas al fuego unos instantes.

GACHAS DE AVENA CON PLÁTANO, LECHE DE CABRA Y MIEL

Este plato es ideal si vas a hacer mucha actividad a lo

largo del día y quieres tener suficiente energía. Recomiendo su consumo como desayuno. Los ingredientes son: un plátano, 80 gramos de avena, una cucharada de miel, una cucharada de canela, un vaso de leche de cabra y una pizca de sal.

1. Antes de nada, la noche anterior o bien tres horas antes de consumir la avena, mantenla en remojo en un vasito de agua. Esto hace que se eliminen parte de los antinutrientes como el ácido fítico que suele presentar este cereal.
2. Ahora sí, cuela la avena y escúrrela bien.
3. Pon la cazuela a calentar con la leche ya dentro.
4. Acto seguido añade la avena escurrida y espera a que la leche empiece a hervir sólo un poco.
5. Cuando la avena quede ya como pastosa, añade la miel y una pizca de sal
6. (Si eres intolerante a la lactosa utiliza agua porque también está tremendamente delicioso)
7. Una vez esté la avena pastosa, retira toda la mezcla a un bol. Corta el plátano en rodajas y déjalas caer sobre el bol.
8. Acto seguido añade canela a los trozos de plátano por encima.

SALMÓN A LA PLANCHA CON ROMERO Y BRÓCOLI

Exquisito plato para comer, disfrutar y sanar. Vas a necesitar: una o dos rodajas generosas de salmón fresco de pescadería, romero en polvo, sal, mantequilla y 200 gramos de brócoli.

1. Primero cueces en trozos el brócoli durante 10 minutos hasta que esté blando.
2. Lo cuelas y dejas enfriar un poco.
3. Acto seguido, añadimos un trozo de mantequilla a la sartén y dejamos que caliente.
4. Ya calentado, añadimos el salmón. Antes de añadirlo, lo rociaremos con un poco de romero y sal por ambos lados del filete.
5. Tras insertarlo, doramos el salmón vuelta y vuelta hasta que coja un color rojizo.
6. Deja los filetes de salmón en un plato y añade por los laterales el brócoli. Puedes añadir limón al salmón si lo deseas, incluso ajo en polvo.

Espárragos verdes horneados con bacon.

Vas a necesitar una bandeja de espárragos verdes, unos 12 o 15. Seis o siete lonchas de Bacon y aceite de oliva.

1. Para empezar, deja el horno encendido a 180 grados.
2. Después lava los espárragos y corta la parte más dura de ellos.
3. Acto seguido corta las lonchas de bacon por la mitad.

4. Ahora, enrolla la loncha de bacon sobre el espárrago y deposítalo en una bandeja de horno con papel de aluminio por debajo.
5. Haz este proceso con todos los espárragos y una vez los tengas alineados en la bandeja para hornear, echa un chorrito de aceite de oliva por encima de todos.
6. Deja la bandeja dentro del horno por 20 minutos y comprueba de vez en cuando si los espárragos están blandos y si el bacon está dorado.
7. También puedes usar jamón serrano si quieres comer proteína con menos grasa.

Yogur natural con fresas

Así de sencillo. Los ingredientes que vas a necesitar: un yogur natural sin azúcar, 150 gramos de fresas, canela y miel.

1. Vierte el contenido del yogur sobre un bol.
2. Acto seguido lava las fresas y pícalas en cuadraditos o en triángulos.
3. Échalas por encima del yogur.
4. Después añade una cucharadita de miel y otra de canela.

5. Remueve bien todos los ingredientes en el bol y listo.

Licuado de patata cruda, manzana, apio y brócoli

Hay pocos licuados que limpie y desinflame más que este. Para hacerlo vas a necesitar una patata grande pelada, una manzana, 4 ramas de apio y la mitad de un brócoli.

1. Parte en cuatro partes y lava la manzana con la piel.
2. Lava el apio y corta en tallos el brócoli.
3. Lava la patata pelada y añádela junto a todos los demás a la licuadora.
4. Bébelo rápido porque las propiedades de la patata cruda desaparecen pronto.

Puré de calabacín, puerros y patata

Ingredientes: una patata grande, un calabacín, dos puerros, media cebolla, pimienta negra y sal.

1. Para empezar, calentamos el agua de una olla con una pizca de sal y aceite de oliva.

2. Cuando el agua esté hirviendo dejamos reposar en él los vegetales.
3. Después, pelamos la patata en trozos, la cebolla quitándole la piel, los puerros y el calabacín.
4. Acto seguido lo echamos todo a la olla hirviendo.
5. Dejamos que se cueza todo durante 45 minutos y después pasamos todos los vegetales bien cocidos a una batidora.
6. Batimos bien todos los alimentos y nos quedará el puré.

SARDINAS AL LIMÓN

Personalmente opino que no hay muchos más platos con grasa tan beneficiosa y tanta proteína de manera natural. Esta es una excelente opción.

Ingredientes: idealmente 7 o 8 sardinas de pescadería, un limón y sal.

1. Primero limpia las sardinas.
2. Quítales la cabeza.
3. Mantén una sartén en caliente, con una pizca de mantequilla y pon las sardinas encima. Espera a que se doren por ambos lados y acto seguido pásalas a un plato.
4. Riega el plato de sardinas con abundante limón.

Aguacate con huevo y bacon

Ingredientes: para unas dos personas: 4 aguacates, 8 huevos pequeños y 150 gramos de bacon.

1. Lo primero de todo es cocinar el bacon. Para ello primero lo cortaremos en trozos pequeños sobre mantequilla.
2. Acto seguido, partimos los aguacates por la mitad y extraemos el hueso.
3. Raspamos un poco para dejar un hueco en el que podamos insertar bacon y el huevo entero.
4. Una vez insertados ambos alimentos, metemos las rodajas de aguacate dentro del microondas a una potencia adecuada para que consiga crear la clara durante dos minutos.
5. Si el microondas no os da confianza, utilizad el horno a 180º pero sin cocinar el bacon antes.
6. Una vez hecho esto, cuando esté algo fría la piel del aguacate, recomiendo pelarlo y consumirlo tal cual. Otra opción es consumirlo a cucharadas.

Pastel de verduras

Este es un verdadero manjar para niños y adultos. Es una gran apuesta si quieres sorprender a algún ser querido de manera sana. Es ideal para acompañar carnes y pescados.

Vas a necesitar: un calabacín, tres zanahorias, 150 gramos de guisantes, 150 gramos de judías verdes, una cebolla, 4 huevos, 200 mililitros de nata líquida para cocinar, aceite de oliva virgen extra y pimienta negra.

1. Para empezar, lavamos y pelamos el calabacín y la cebolla.
2. Acto seguido los cortamos en trozos y los dejamos dorar en una sartén con aceite de oliva.
3. Por otra parte, lavamos y pelamos la zanahoria.
4. La cortamos en dados pequeños y la cocemos junto a los guisantes y a las judías verdes.
5. Por último, preparamos un bol con nata líquida, los huevos, la sal y la pimienta.
6. A esta mezcla añade la cebolla y el calabacín ya dorados y las verduras cocidas y coladas.
7. Encendemos y dejamos el horno a 160º. Ahora sí, vertemos la mezcla en un molde. Recomiendo untar de mantequilla el molde para que no se quede pegado el pastel luego.
8. Después colocamos esta bandeja a media altura en el horno por unos 45 minutos.

OTROS LIBROS DE EDITORIAL KAIZEN

Editorial Kaizen está orientada a la edición y distribución de libros de desarrollo personal, incluyendo el desarrollo de una salud plena, un cerebro ágil, una mentalidad triunfadora, una educación financiera etc.

¿Te gustaría <u>estar al día de las actualizaciones</u> para bajártelas gratuitamente? ¿O disfrutar de <u>libros gratuitos en exclusiva</u> y enterarte de los <u>nuevos lanzamientos</u>?

Pues entonces, **SUSCRÍBETE a nuestra lista de correo electrónico:** <u>http://eepurl.com/bs9IGz</u>

Esperamos que disfrutes de nuestros libros y te ayuden a convertirte en una mejor versión de ti mismo.

YA DISPONIBLES

<u>Alimentos tóxicos: cómo detectarlos.</u>
Adrián del Arco.

Con este libro aprenderás a detectar alimentos perjudiciales para tu salud en un supermercado, y a comparar entre diferentes marcas cuál es el mejor producto.

Serás capaz de leer etiquetas alimentarias en tan solo 5 segundos, y de forma muy sencilla.

El libro contiene además ejemplos reales para que aprendas a poner en práctica lo aprendido, se comparan diferentes productos de diferentes marcas de pan de molde, jamón de york, chocolate, cereales...

<u>10 alimentos que cambiarán tu vida.</u>
(Incluye 20 recetas)
Rubén González, Adrián del Arco.

10 alimentos fáciles de comprar que están al alcance de todos y de los que te puedes aprovechar desde hoy mismo. Estos alimentos inundarán tu cuerpo de nutrientes y energía raudales. ¿A qué estás esperando?

El libro contiene la descripción de las propiedades de cada alimento, recomendaciones de compra, preparación o consumo, y 2 recetas fáciles de elaborar con cada uno de ellos hasta un total de 20 recetas sanas y nutritivas

75 fantásticos acertijos de lógica.
Explicación y respuesta con un sólo click.
M.S. Collins

Este libro te invita a desafiar tu mente y estimular tu habilidad de pensar de forma diferente. Tendrás que poner a prueba todas las partes de tu inteligencia: la agudeza, la imaginación, la perspicacia, la deducción, la creatividad, la memoria, la reflexión etc. ¿Te atreves?

Cura tu estómago para siempre.
Incluye 15 recetas.
Rubén González.

Este libro provee de un método efectivo, simple, y natural que puede acabar con tus problemas para siempre. Tu úlcera estomacal no es realmente crónica, lo que son crónicas son las causas que la provocan, una vez que acabes con ellas, tu úlcera desaparecerá.

UNA ÚLTIMA COSA...

Si te ha gustado este libro o lo has encontrado útil por algún aspecto, te estaría muy agradecido si pudieras publicar un breve comentario en Amazon.

Leo todos y cada uno de los comentarios, y tus consejos los tendré en cuenta para hacer que este libro aún mejor con la siguiente edición, que podrás descargártela gratuitamente.

Muchas gracias por tu apoyo, y hasta pronto.

Made in the USA
Columbia, SC
12 October 2023